동화로 읽고 명화로 보는 그리스 로마 신화

사자가 되어 버린 히포메네스

글·이숙재 | 그림·윤일순

도서출판 고래

어느 마을에 '아탈란타' 라는 아가씨가
살고 있었어요.
아탈란타는 얼굴도 예쁘고 달리기도 잘해서,
마을 청년들 모두 예쁜 아탈란타와
결혼하고 싶어했어요.
그중에서도 히포메네스라는 청년은
날마다 아탈란타를 찾아와
결혼해 달라고 졸랐어요.

"나와 달리기 시합을 해서 이긴다면
당신과 결혼을 하겠어요."
아탈란타가 히포메네스에게 말했어요.
"좋아요!"
하지만 히포메네스는 아탈란타가 달리기를
너무 잘했기 때문에 걱정이 되었어요.

신화 박사

남자에 버금가는 여자, 아탈란타

아탈란타는 태어나자마자 아들이 아니라는 이유로 아버지 아르카디아의 왕 이아소스에 의해 숲 속에 버려졌어요. 이를 안타깝게 여긴 아르테미스 여신은 곰을 보내 아탈란타를 키우게 했지요. 그러던 어느 날, 혼자서 놀고 있던 아탈란타를 사냥꾼들이 발견했어요. 그 뒤, 사냥꾼들 사이에서 자란 아탈란타는 아름다운 처녀 사냥꾼으로 자랐어요. 특히 아탈란타는 빠른 발을 가지고 있었지요. 이 때문에 '남자에 버금가는 여자'라는 뜻의 '아탈란타'라고 이름 붙여졌답니다.

히포메네스는 사랑의 여신을 찾아갔어요.
"제가 아탈란타보다 달리기를 잘하게 해 주세요."
사랑의 여신은 황금 사과 세 개를 주며 말했어요.
"달리다가 네가 질 것 같으면 이 황금 사과를
아탈란타 앞에 살짝 떨어뜨리거라.
그러면 이길 수 있을 것이다."

드디어 히포메네스와 아탈란타가
달리기 시합을 하는 날이 되었어요.
"탕!"
히포메네스는 온 힘을 다해 쌩쌩 달렸어요.
달리기를 잘하는 아탈란타도 히포메네스를
따라잡기가 힘들 정도였어요.

하지만 강을 건너고 들판을 지나면서
히포메네스는 점점 지치기 시작했어요.
그사이 아탈란타가 '쌩!' 하고
바짝 뒤를 따라왔어요.

'이러다간 지겠는걸!'
히포메네스는 황금 사과 한 개를 얼른
아탈란타 앞에 떨어뜨렸어요.
아탈란타는 잠시 망설이다 황금 사과를 주웠어요.
그 사이 히포메네스는 앞으로 '쌩!' 하고 달려 나갔어요.
하지만 아탈란타가 금세 다시 뒤쫓아 왔어요.

'이거 큰일이군!'
히포메네스는 두 번째 황금 사과를 멀리 던졌어요.
이번에도 아탈란타가 황금 사과를 줍고 다시 따라오자,
히포메네스는 마지막 남은 사과마저 멀리 던졌어요.
아탈란타는 또다시 황금 사과를 주우러 갔어요.

그사이 히포메네스는 결승점에 도착하여
달리기 시합에서 승리하였어요.
그리고 약속대로 아탈란타를
아내로 맞이하였어요.

히포메네스와 아탈란타는 들판을 뛰어다니며
동물들과 함께 즐거운 나날을 보냈어요.
아름다운 아내를 얻은 히포메네스는
더 이상 부러울 것이 없었어요.

신화 박사

아르테미스의 분노

칼리돈의 왕 오이네우스는 왕국에 풍년이 들게 해 준 신들에게 감사의 제물을 바쳤어요. 그러나 깜빡 잊고 아르테미스 여신의 제물은 준비하지 않았지요. 이에 화가 난 아르테미스는 사나운 멧돼지를 보내 칼리돈을 쑥대밭으로 만들게 했어요. 그러자 오이네우스의 아들 멜레아그로스는 왕국을 짓밟는 멧돼지를 없애 달라고 영웅들에게 도움을 청하지요. 이때 영웅들 무리에는 아탈란타도 있었어요. 용감한 아탈란타에게 사랑을 느낀 멜레아그로스는 멧돼지를 죽인 뒤 가죽을 그녀에게 선물하지요.

멧돼지를 죽이는 멜레아그로스

그런데 히포메네스는 너무 행복한 나머지
사랑의 여신이 황금 사과를 주었던 것을
까맣게 잊고 감사의 제물을 바치지 않았어요.
사랑의 여신은 매우 화가 났어요.
"이런 못된 것들! 은혜를 모르는 사람에게는
무서운 벌을 내리리라!"

"두 사람 모두 사자가 되어라!"
화가 난 사랑의 여신은 히포메네스와 아탈란타를
사자로 만들어 버렸어요.
히포메네스가 뒤늦게 후회를 했지만
소용없는 일이었어요.

사랑의 여신은 두 마리 사자에게
자신의 마차를 끌게 했어요.
은혜를 갚을 줄 모르고 사자가 되어 버린
히포메네스와 아탈란타는 날마다 채찍*을 맞으며
무거운 마차를 끌게 되었답니다.

*채찍 : 말이나 소 따위를 때려 모는 데 쓰는 가는 나무 막대나 가죽끈.

신화 박사

왜 사자로 만들었을까요?

아프로디테 여신은 은혜를 갚을 줄 모르는 히포메네스와 아탈란타를 한 쌍의 사자로 만들어 버렸어요. 그런데 왜 사자일까요? 고대 그리스에서는 사자끼리 서로 사랑을 할 수 없다고 여겼기 때문이에요. 그래서 아탈란타와 히포메네스가 영원히 결합할 수 없도록 이러한 벌을 내린 것이지요.

암사자와 수사자

신화 속으로

사자가 되어 버린 히포메네스

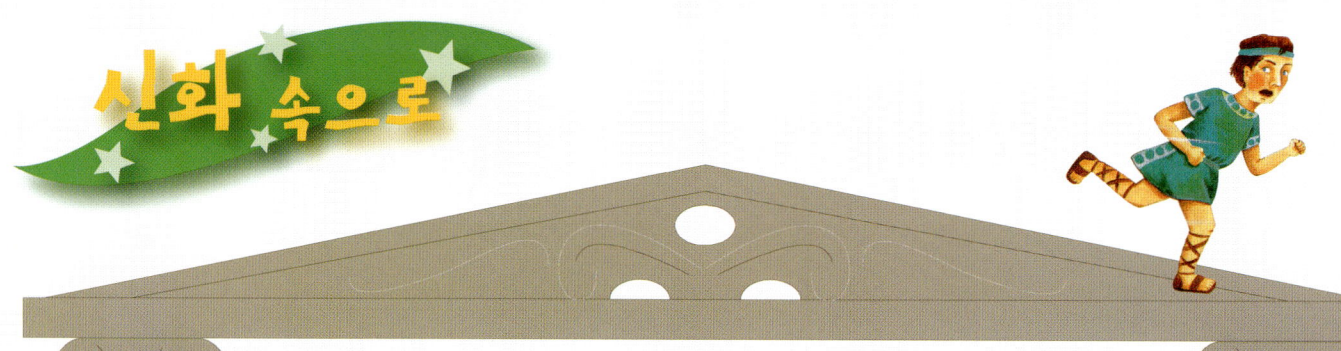

아탈란타는 아르카디아의 왕 이아소스와 클리메네 사이에서 태어난 딸로, '남자에 버금가는 여자'라는 뜻의 이름을 가진 아름다운 처녀였어요. 하지만 자신의 뒤를 이을 수 있는 아들을 원했던 아버지는 그녀가 아들이 아니라는 이유로 아탈란타를 깊은 숲 속에 버렸지요.

그래서 아탈란타는 아르테미스 여신이 보낸 곰의 젖을 먹으며 지내다가 사냥꾼들에게 발견되어 그들 사이에서 자랐답니다.

아탈란타는 성격이 남자 같은 여자로 사냥과 달리기를 매우 잘했지만 얼굴도 아주 예뻤어요. 그래서 결혼해 달라고 조르는 남자들이 많았지요. 하지만 아탈란타는 신들로부터 결혼해서는 안 된다는 신탁을 들었어요. 이에 결혼해 달라고 청혼해 오는 남자들을 귀찮아 했지요.

그러던 어느 날, 아탈란타는 남자들을 따돌릴 수 있을 만한 좋은 생각이 떠올랐어요. 자신의 빠른 발을 이용해 남자들과 달리기 시합을 벌여 이기면 결혼을 하고, 지면 목숨을 내놓아야 한다고 했지요. 이렇게 무시무시한 조건에도 불구하고 많은 남자들이 아탈란타를 아내로 맞이하기 위해 그녀와 달리기 시합을 벌였어요. 달리기 시합의 심판은 히포메네스라는 청년이 맡았지요.

많은 남자들이 아탈란타를 상대로 달리기 시합을 벌였어요. 하지만 모두 시합에서 져 목숨을 잃고 말았답니다.

처음에 히포메네스는 달리기 시합을 하러 온 청년들을 한심하게 여겼어요. 하지만 아탈란타를 본 순간, 히포메네스 역시 그녀의 아름다움에 빠져 그녀를 아내로 맞이하고 싶어졌지요.

아탈란타도 히포메네스의 늠름한 모습이 마음에 들었지만, 자신의 신탁이 마음에 걸려 그를 멀리했지요.

하지만 히포메네스는 아탈란타를 사랑하여 그녀에게 달리기 시합을 벌이자고 제안했답니다.

그러고는 사랑의 여신 아프로디테를 찾아가 아탈란타와의 달리기 시합에서 자기가 이길 수 있게 해 달라고 기도를 올렸어요.
그러자 아프로디테 여신은 그에게 황금 사과 세 개를 건네주며 달리기를 하다가 뒤쳐지면 이 황금 사과를 하나씩 땅에 던지라고 했지요.
이윽고 히포메네스와 아탈란타의 달리기 시합이 열리는 날이 되었어요.
히포메네스는 아프로디테 여신이 알려 준 대로 뒤쳐질 때마다 황금 사과를 하나씩 떨어뜨려 아탈란타와의 달리기 시합에서 승리를 거두었어요. 그 뒤, 아름다운 아탈란타를 아내로 맞이하였지요.
하지만 히포메네스와 아탈란타는 자신들의 행복에만 빠져 아프로디테 여신에게 감사의 제물을 바치는 것을 깜빡 잊고 말았어요. 이에 화가 난 아프로디테 여신은 이들을 사자로 만들어 자신의 마차를 끌게 했지요.
또 다른 설로는 화가 난 아프로디테 여신이 이들을 부추겨 레아 여신의 노여움을 사게 했다고도 해요.
레아 여신은 히포메네스와 아탈란타가 자신의 신성한 신전에서 무례한 일을 일삼자 화가 나 아탈란타는 암사자로, 히포메네스는 수사자로 만들어 버렸어요.
그러고는 그 사자들을 자신의 양옆에 두었지요.
지금도 그리스 조각 작품이나 회화 작품 속에서 레아 여신과 함께 있는 두 마리의 사자를 쉽게 찾아볼 수 있답니다.

GREEK & ROMAN MYTHOLOGY

명화로 보는 신화 이야기

사자가 되어 버린 히포메네스

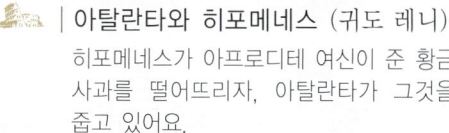
| 아탈란타와 히포메네스 (귀도 레니)
히포메네스가 아프로디테 여신이 준 황금 사과를 떨어뜨리자, 아탈란타가 그것을 줍고 있어요.

| 아탈란타와 히포메네스 (요한 하인리히 쉰펠트)

GREEK & ROMAN MYTHOLOGY

| 달리기 시합 중인 히포메네스와 아탈란타 (노엘 할레)
아탈란타가 땅에 떨어진 황금 사과를 줍고 있는 사이 히포메네스가 앞서 나가고 있어요.

| 아탈란타 (피에르 르 포트르) | 히포메네스 (기욤 쿠스트)

안드로클레스와 사자의 우정

안드로클레스는 잔인하기로 유명한 주인 밑에서 노예 생활을 하다가 주인의 횡포(제멋대로 굴며 몹시 난폭함)를 견디지 못하고 도망을 쳤어.
"헉헉! 저기 동굴 속에서 잠깐 쉬었다 가야겠다."
뜨거운 사막의 햇볕을 피해 안드로클레스가 동굴 속으로 들어갔어.
그런데 얼마 지나지 않아 누군가 다가오는 소리가 들렸어.
이에 안드로클레스는 지친 몸을 이끌고 동굴 밖으로 나가 보려고 했지.
하지만 동굴 입구에는 사자 한 마리가 턱 버티고 있었어.
'아니, 이럴 수가! 내가 들어온 곳이 사자 굴이었구나!'
안드로클레스가 벌벌 떨고 있는 사이 사자가 으르렁대며 다가왔어.
그런데 이게 웬일이야? 사자가 혀로 안드로클레스의 얼굴을 핥는 거야.
그러고는 앞발을 안드로클레스에게 보여 주었지.
안드로클레스는 사자가 자기에게 도움을 청한다는 사실을 알게 됐어.
그래서 사자의 앞발을 이리저리 살펴보았지.
"아, 발가락 사이에 가시가 박혀 있구나."
안드로클레스가 가시를 빼내 주자 사자는 고맙다는 인사라도 하는 듯 안드로클레스의 가슴에 제 머리를 비벼댔어.
그 뒤, 둘은 친구가 되어 함께 동굴 속에서 살았지.
그러던 어느 날, 사자가 사냥을 나간 사이 안드로클레스가 산책을 나왔어.
그러나 때마침 그곳을 지나가던 군사들의 눈에 띄어 붙잡히고 말았지.
이내 안드로클레스는 로마로 향하는 배에 오르게 되었어.
예전의 주인이 사막을 떠나 로마로 갔기 때문이었지.
로마에 도착한 안드로클레스는 주인 앞에 무릎을 꿇었어.
"감히 네놈이 내게서 도망을 쳐! 얘들아, 이놈을 지하 감옥에 가두어라."
그로부터 며칠 뒤, 지하 감옥에 갇혀 있던 안드로클레스는 군사들에게 이끌려 콜로세움으로 향했어.

| 로마 신화 |

당시 로마 사람들은 사람과 맹수(주로 육식을 하는 사나운 짐승) 사이의 결투를 운동 경기처럼 즐기고 있었지.
경기장 안으로 들어서자 콜로세움을 가득 채운 관중들의 시선이 일제히 안드로클레스에게 꽂혔어.
그때, 맞은편에서 몸집이 커다란 사자가 경기장 안으로 들어왔지.
안드로클레스는 모든 것을 포기하고 사자의 공격을 기다렸어.
안드로클레스의 귓가에 사자의 거친 숨소리가 가까이 들려왔지.
어, 그런데 이게 어떻게 된 일이야?
사자가 안드로클레스의 얼굴을 핥아 대기 시작하는 거야.
이에 깜짝 놀란 안드로클레스가 눈을 떴어.
"너, 너는……."
안드로클레스는 채 말을 잇지 못하고
눈물을 흘리며 사자를 끌어안았어.
맞아! 그 사자는 예전에 안드로클레스와
동굴에서 함께 살았던 사자였어.
사라진 안드로클레스를 찾아 헤매다
군사들에게 잡혀 이곳까지 오게 된 거였지.

콜로세움

이 사실을 모르는 관중들은 어리둥절한 표정을 지었어.
때마침 그곳에는 로마 황제도 있었어.
로마 황제는 안드로클레스를 불러 어찌 된 영문인지 물어 보았지.
안드로클레스는 그동안에 있었던 일을 빠짐없이 이야기했어.
"허허, 그런 일이 있었구나."
안드로클레스와 사자의 우정에 큰 감동을 받은 로마 황제는 안드로클레스를 노예 신분에서 벗어나게 해 주었어. 그리고 사자도 풀어 주었지.
이러한 황제의 결정에 콜로세움에 모여 있던 관중들은 제 일처럼 기뻐했단다.

밤하늘을 수놓는 반짝반짝 별자리 이야기

헤라의 젖이 흐르는 길 은하수

헤라는 자신의 남편인 제우스와 다른 여자 사이에서 태어난 헤라클레스를 몹시 미워하여 사사건건 그를 괴롭히며 못살게 굴었어요.

그러던 어느 날, 제우스는 헤라가 잠든 사이 헤라클레스에게 헤라의 젖을 물렸어요. 그런데 그만 헤라클레스가 젖을 깨물어 헤라가 잠에서 깨어나고 말았지요.

잠에서 깨어난 헤라는 자신의 젖을 물고 있는 헤라클레스를 발견하고는 얼른 떼어 냈어요. 그때 헤라의 젖이 하늘에 뿌려져 은하수가 되었지요.

그래서 서양에서는 은하수를 '우유가 흐르는 길'이라는 뜻으로 '밀키 웨이'라고 부른답니다. 이 외에도 아테나의 부탁을 받은 헤라가 헤라클레스에게 젖을 물려 주었다는 이야기도 전해집니다.